OLYMPUS GUARDIAN 67

신화, 괴물을 만들다

글 김영 그림 이갑규

주니어 RHK

차례

1 신이 만든 괴물들　　5

- 에키드나
- 티폰
- 고르곤 자매
- 스핑크스와 하르피이아이
- 케르베로스
- 히드라
- 키마이라

2 인간과 동물과 신, 그 가운데 어디　　21

- 켄타우로스
- 사티로스와 판
- 미노타우로스
- 세이렌
- 폴리페모스와 탈로스
- 페가수스

3 신의 분노로 변신한 괴물　　35

- 카리브디스
- 스킬라

괴물과 영웅들

사람들은 수많은 사람을 잡아먹고 괴롭히는 괴물을 무서워했어요.
영웅은 이런 악명 높은 괴물을 해치우고 이름을 드높였어요.
그래서 신화 속에서 괴물과 영웅은 뗄 수 없는 관계랍니다.

끊임없이 머리가 돋아나는 히드라도, 지하 세계의 케르베로스도 헤라클레스 앞에서는 옴짝달싹 못했어요. 헤라클레스는 여러 괴물을 해치운 것으로 유명하지요.
미궁 속에 갇힌 괴물인 미노타우로스는 테세우스가 해치웠어요.
쳐다보기만 해도 돌이 된다는 메두사도 페르세우스만은 돌로 만들지 못했어요.
여러 동물이 한데 모인 괴물인 키마이라는 페가수스를 탄 벨레로폰이 무찔렀지요.

이러니 괴물에게 영웅이란 정말 무서운 존재였을 법도 하지요.
영웅만이 무찌를 수 있었던 무시무시한 괴물들.
지금부터 만나 볼까요?

신이 만든 괴물들

사람들을 공포에 떨게 만든 괴물들은 대개 신이 직접 만들거나 신의 자식이었어요.
위대하고 아름다운 신들이 끔찍한 괴물을 만들거나 낳은 이유는 알려져 있지 않아요.
인간이 그런 것처럼 신들에게도 숨기고 싶은 어두운 면이 있기 때문일까요?

에키드나

에키드나는 허리 윗부분은 아름다운 여자이고 아래는 뱀인 괴물이에요.
이름 역시 그리스 어로 '뱀'이라는 뜻이랍니다.
펠로폰네소스 지역에서 지나가는 나그네들을 괴롭히고
잡아먹으며 살다가 아르고스라는 거인에게 죽었다고 전해 오지요.

에키드나는 여러 괴물의 어머니로 유명해요. 저승 입구에 있는
머리가 세 개 달린 개 케르베로스, 끊임없이 머리가 생겨나는 히드라,
불을 토하는 키마이라 들이 모두 에키드나의 자식이에요. 헤라클레스가 죽였던
사나운 네메아의 사자와 황금 양털을 지키는 용, 수수께끼를 내는 스핑크스,
프로메테우스의 간을 파먹는 독수리 역시 에키드나가 낳았지요.
동서양을 가리지 않고 소리 없이 다가와 사람을 죽일 수 있는 뱀을
*요사스러운 여자에 비교하는 일이 많아요. 뱀을 앞으로 나쁜 일이 일어날
징조로 여기곤 했는데, 에키드나의 모습은 당시 사람들의 이런 생각을 잘 보여 주어요.

에키드나는 여러 괴물의 어머니예요.
허리 윗부분은 아름다운 여자이고 아래는 뱀이지요.
지나가는 나그네들을 괴롭히거나 잡아먹었다고 해요.
〈에키드나〉 피로 리고리오

*요사스럽다: 요망하고 간사한 데가 있다.

티폰

티폰은 제우스 이전에 있었던 거인 족의 자손으로
대지의 신 가이아의 아들로 알려져 있어요.
제우스가 하늘을 차지하기 위해 거인 족을 공격할 당시
티폰이 나타나 제우스를 공격했어요.
티폰은 모든 산보다 커서 머리가 별에 부딪칠 지경이었고,
팔을 벌리면 한 손은 세상의 서쪽 끝에, 다른 한 손은 세상의 동쪽 끝에 닿을 정도였어요.
손에는 손가락 대신 용들이 달려 있고, 몸에는 날개가 돋아 있으며, 눈에서는 불꽃이 나왔어요.
티폰과 제우스는 엎치락뒤치락하면서 심하게 싸웠는데, 마지막에는 티폰이 졌어요.
도망치던 티폰은 제우스가 던진 에트나 산 밑에 깔렸지요. 지금도 에트나 산에서는
가끔 불꽃과 연기가 나오는데, 사람들은 그 불꽃과 연기가 티폰이 쉬는 한숨이라고 말해요.

뱀과 용의 모습을 한
거대한 티폰이 신들을 공격하자,
올림포스의 신들은 대부분
동물로 변신해 숨어 버렸어요.
단지 아테나와 제우스만이 티폰에게 맞섰지요.
티폰은 에키드나와 함께 여러 괴물을 낳았어요.

〈티폰〉 작가 미상

고르곤 자매

고르곤 자매는 스테노, 에우리알레, 메두사로 알려진 세 자매를 말해요.
세 자매는 바다의 신들 사이에서 태어났는데, 그중 메두사가 가장 유명해요.
메두사는 원래 아름다운 처녀였는데, 자신의 머리카락이 아름답다며 아테나 여신 앞에서
잔뜩 뽐냈지요. 화가 난 아테나 여신은 메두사를 괴물로 만들어 버렸답니다.
뱀으로 변한 끔찍한 머리카락보다 더 무서운 것은 메두사의 눈이었어요.
메두사와 눈이 마주치는 사람은 모두 돌로 변했거든요.
스테노와 에우리알레는 죽지 않는 불사의 몸이었지만 메두사는 불사의 몸이 아니었어요.
그래서 영웅 페르세우스의 손에 죽었지요. 페르세우스는 메두사의 눈을 직접 보지 않으려고
방패에 비친 모습을 보고 그녀의 목을 잘라 버렸어요. 그리고 그것을 아테나 여신에게
바쳤어요. 아테나 여신은 메두사의 머리를 자신의 방패에 걸고 다녔다고 해요.

폼페이 유적의 벽화에서 발견된
메두사의 얼굴이에요.
메두사는 머리카락이 뱀이고
손은 청동이며, 금으로 된 날개가 달렸어요.
메두사와 눈이 마주치는 사람은
모두 돌로 변했지요.
〈고르곤〉 작가 미상

스핑크스와 하르피이아이

그리스 신화에는 여자의 머리에 동물의 몸을 한 괴물이 여럿 나와요.
그중에서도 가장 널리 알려진 괴물이 바로 스핑크스예요. 스핑크스는 여자 얼굴에
사자의 몸통, 독수리의 날개를 가진 괴물이었는데 여행자들을 잡아먹었답니다.
테베 시를 지나는 여행자에게 "다리가 아침에는 넷, 낮에는 둘, 밤에는 셋이 되는 동물은 무엇이지?"
라는 수수께끼를 내고 여행자가 수수께끼를 풀지 못하면 잡아먹었어요.
스핑크스는 이집트의 옛이야기에도 등장하는데 그곳에서는 사원과 무덤을 지키는 수호자로 나와요.
스핑크스는 나중에 오이디푸스가 수수께끼의 정답인 '사람'을 맞히자
화가 난 나머지 절벽에서 뛰어내려 죽었다고 전해져요.

하르피이아이는 순식간에 날아들어
피네우스의 음식을 대신 먹어 치우고는 괴롭혔어요.
또 아이들과 영혼들을 훔쳐 갔어요.
그래서 영혼을 낚아채 가는 하르피이아이의 모습을
무덤 위에 새기기도 했어요.

〈엽서에 그려진 하르피이아이〉 작가 미상

하르피이아이는 흉측한 여자의 얼굴에 독수리의 몸을 가진 정령들이에요.
20~30마리씩 떼를 지어 다니는데 특히 돌풍, 어둠, 빠른 비상이라는 뜻의
이름을 가진 아엘로, 켈라이노, 오키페테가 유명하지요.
무엇이든 먹어서 없애 버리는 게걸스러운 존재로도 알려져 있답니다.
아르고 원정대 이야기에 이 하르피이아이가 등장해요. 아르고 원정대는
항해를 하던 도중에 하르피이아이에게 괴롭힘을 당하는 피네우스를 구해 냈어요.
하르피이아이는 '억지로 빼앗는 여자'라는 뜻으로
욕심 많은 여자를 뜻하는 영어 단어 '하피'가 여기에서 유래했다고 해요.

케르베로스

케르베로스는 지하 세계의 문을 지키는 개예요. 죽은 사람이 빠져나가지 못하게 막고,
산 사람이 지하 세계로 들어가지 못하게 했지요. 머리가 세 개나 달려 있고,
꼬리는 뱀 모양이며 목과 등에 뱀의 머리가 수없이 달려 있었어요.
케르베로스는 에키드나와 티폰의 자식으로 히드라나 네메아의 사자와 형제 사이예요.
이후 헤라클레스와 힘겨루기를 해 져서 산 채로 땅 위로 끌려가는 창피를 당하기도 했어요.
또 오르페우스가 연주하는 감미로운 음악에 반해서 고분고분해진 일도 있었어요.
그리스 인들은 죽은 사람이면 누구나 케르베로스 앞을 지나게 된다고 믿었기 때문에
관 속에 케르베로스를 달래기 위한 과자를 넣어 두었다고 하지요.

사자 가죽을 쓴 헤라클레스에게 잡힌 케르베로스예요.
커다란 개의 모습에 머리가 세 개 있으며,
목과 등에 뱀의 머리가 많이 달려 있어요.
케르베로스를 잡아 오라고 시킨 에우리스테우스 왕은
겁에 질려 항아리 속에 숨었어요.

〈에우리스테우스 왕에게 케르베로스를 데려온 헤라클레스〉
작가 미상

기름 단지에 그려진 히드라예요.
아니그로스 강에 우연히 히드라의 피가 섞여 들자,
이 강에서 나는 물고기는 영원히 먹을 수 없게 되었다고 해요.
히드라의 피는 그만큼 강력한 독이었던 거예요.
〈레르네의 히드라를 잡는 헤라클레스와 이올라오스〉
작가 미상

히드라

히드라는 에키드나와 티폰의 자식으로 레르네의 늪에서 사는 괴물이에요.
제우스의 부인 헤라가 히드라를 키워 헤라클레스의 힘을 시험하는 데 썼다고도 해요.
히드라는 이야기에 따라 머리의 개수가 다른데, 머리가 다섯 개 혹은 백 개가
달린 뱀으로, 독이 있는 입김을 내뿜어 곁에만 가도 목숨을 잃을 정도였어요.
여러 개의 머리 중에는 절대로 죽지 않는 불사의 머리도 있었으며,
머리 하나를 자르면 두 개가 솟아나 절대 물리칠 수가 없었지요.
그런데 헤라클레스는 조카 이올라오스의 도움으로 히드라의 머리를 자른 다음
불로 지져 새로운 머리가 돋아나지 못하게 했어요.
그리고 죽지 않는 불사의 머리는 땅속에 묻고 그 위에 무거운 바위를 올려놓았어요.
히드라의 피는 매우 독한 독으로, 헤라클레스는 그것을 화살 끝에 묻혀 독화살을 만들었답니다.

키마이라

키마이라는 여러 동물의 모습이 뒤섞인 괴물이에요.
역시 티폰과 에키드나의 자식으로, 전해 오는 이야기에 따라 모습이 조금씩 달라요.
어떤 이야기에서는 꼬리는 뱀, 머리는 사자, 몸통은 양으로 묘사되고,
어떤 이야기에서는 하나의 몸에 양의 머리, 사자의 머리가 달린 모습으로 나오기도 하며
염소 머리에 사자 몸통을 하고 있다고도 해요. 입에서 불을 뿜으며 날아다니는
모습으로 나오는데, 리키아에 살면서 사람들을 마구 죽이고 재산을 *약탈했어요.
키마이라는 코린토스의 왕자 벨레로폰에게 죽임을 당했어요.
벨레로폰은 키마이라의 목구멍에 납이 붙어 있는 화살을 쏘아 넣었고,
키마이라가 불을 뿜자 이 납이 녹아 키마이라의 목이 막혀 버렸지요.
여러 동물의 모습이 섞여 신기하게 생긴 동물을 흔히 '키메라'라고 하는데,
이는 키마이라를 영어식으로 발음한 것이에요.

접시에 그려진 키마이라예요.
여러 동물의 모습이 뒤섞인 괴물이지요.
입에서 불을 뿜으며 날아다니고, 사람들을
마구 죽이거나 물건들을 약탈했어요.
〈키마이라〉 작가 미상

*약탈하다 : 폭력을 써서 남의 것을 억지로 빼앗다.

퀴즈 퀴즈!

1 여인의 얼굴에 뱀의 몸뚱이를 가지고 있답니다.
   여러 괴물의 어머니로 알려진 이 괴물은 무엇일까요?

2 지하 세계의 문을 지키고 있는 사나운 괴물 개예요. 이 개는 무엇일까요?

3 히드라는 머리를 하나 자르면 두 개가 솟아났다고 해요.
   영웅 헤라클레스는 히드라를 어떻게 처치했을까요?

4 눈이 마주치는 사람은 모두 돌로 만들어 버리는 이 괴물은 무엇일까요?

5 스핑크스는 테베 시를 지나는 여행자에게 "다리가 아침에는 넷, 낮에는 둘,
   밤에는 셋이 되는 동물은 무엇이지?" 라는 수수께끼를 낸 뒤 여행자가
   수수께끼를 풀지 못하면 잡아먹었어요. 이 수수께끼의 답은 무엇일까요?

정답 1 에키드나 2 케르베로스
3 머리를 자른 뒤 그 자리를 불로 지졌어요.
4 메두사 5 사람

2 인간과 동물과 신, 그 가운데 어디

동물과 사람의 중간 단계에 있는 괴물은 사람의 모습을
조금 갖고 있지만 동물의 본성을 버리지 못해요.
이들은 여러 가지 이유로 이 세상에 나타났지만, 결국은 비참하게 최후를 맞이하지요.

켄타우로스

켄타우로스는 반인반마, 즉 반은 사람이고 반은 말인 괴물이에요.
산과 들을 누비며 사는데 성격이 포악하고 날고기를 즐겨 먹으며 술과 여자를 좋아했어요.
전설에 따르면 라피타이 족의 왕 익시온이 남몰래 헤라 여신을 좋아했는데
제우스가 이를 시험해 보기 위해 헤라의 모습을 한 구름을 보냈다고 해요. 그 사실을 모르는
익시온은 헤라 모습의 구름과 사랑을 나누었고, 둘 사이에서 켄타우로스가 태어났지요.
켄타우로스는 폭력적이며 성질이 급하지만, 켄타우로스 가운데 하나인
케이론은 누구보다 현명하고 지혜가 뛰어났어요.
케이론은 히드라의 독이 묻은 헤라클레스의 화살에 맞은 적이 있어요.
죽지 않는 불사의 몸이라 아주 오랫동안 고통을 받았지요. 그러다가 프로메테우스가
케이론의 영원한 수명을 대신 받았고, 케이론은 마침내 죽을 수 있었어요.
켄타우로스 말고 반은 동물 반은 사람의 모습인 괴물이 또 있어요.
바로 반은 물고기, 반은 사람의 모습인 이크티오 켄타우로스예요.

**아킬레우스를 가르치는 케이론이에요.
훌륭한 스승이었던 케이론은
많은 영웅들을 가르쳤어요.**

〈케이론의 교육〉 제임스 배리

사티로스와 판

사티로스는 그리스 신화에서 큰 역할을 하지는 않지만, 소소한 이야기 속에 자주 등장해요.
사람의 얼굴에 뿔이 나 있으며 몸통은 염소를 닮았고,
술의 신 디오니소스를 받드는 종으로 알려져 있어요. 술의 신 디오니소스의 종답게
술과 노는 것을 무척 좋아하며, 성격이 유쾌해 장난을 좋아하지요.
사티로스와 모습이 비슷한 판은 목축의 신으로, 소 떼와 양 떼를 돌보는 일을 했어요.
헤르메스의 아들로, 피리를 잘 불어 아폴론과 대결을 했다는 이야기도 있지요.
판은 사냥의 여신 아르테미스를 섬기는 님프 시링크스에게 반해 그녀의 뒤를 쫓아갔는데,
시링크스는 판에게서 벗어나기 위해 갈대로 변해요.
판은 아쉬워하며 시링크스가 변한 갈대로 풀피리를 만들어 불었어요.
그때부터 판과 풀피리는 떼려야 뗄 수 없는 관계가 되었지요.
그리스 신화를 그린 그림에서 디오니소스의 곁에
판과 사티로스가 함께 있는 모습을 자주 볼 수 있답니다.

아프로디테를 태우고
놀고 있는 사티로스예요.
사람의 얼굴에 뿔이 나 있고,
몸통은 염소를 닮았지요.
들판에서 춤을 추거나 술을 마시고
님프들을 쫓아다니곤 했어요.

〈사티로스를 타고 있는 아프로디테〉
디르크 데 쿠아데 반 라베스틴

미노타우로스

미노타우로스는 불행한 운명을 지니고 태어난 괴물이에요.
미노타우로스는 '미노스의 황소'라는 뜻이에요.
이 괴물은 미노스 왕의 아내 파시파에와 포세이돈이 보낸 황소 사이에서 태어났어요.
포세이돈에게 제물로 바치기로 한 소를 미노스 왕이 자기 마음대로 차지하자
화가 난 포세이돈이 이런 벌을 내린 거지요. 미노스 왕은 아내가
이런 괴물을 낳은 것이 너무 부끄러워 어느 누구도 빠져나올 수 없는 미로를 만들어
괴물을 가두어 버렸어요. 미노스 왕은 미노타우로스를 미로 안에 가둔 다음,
이웃 나라 아테나이에서 해마다 열네 명의 청년을 받아 미노타우로스의 먹이로 주었어요.
결국 이 괴물은 아테나이의 왕자 테세우스의 손에 죽었지요.
역사 학자들은 소를 떠받들어 모시던 미노아 문명을 바탕으로 이런 전설이 생겨났다고 해요.

테세우스에게 뿔을 잡힌 미노타우로스예요.
황소 머리에 꼬리가 달려 있어요.
이런 모습 때문에 미로 속에 갇혀서
제물을 잡아먹고 살게 되었어요.
〈테세우스와 미노타우로스〉 작가 미상

세이렌

세이렌은 여자의 얼굴에 새의 모습을 한 괴물이에요.
강의 신 아켈로스 또는 바다의 신 포르키스가 낳은
딸이라고도 하지요. 세이레네스는 여러 세이렌을 이르는 말이에요.
세이렌은 처음에는 두 명이었지만, 나중에는 세 자매 혹은
네 자매로 등장하지요. 이들은 모두 리라와 피리 같은 악기와
노래에 뛰어나서 함께 노래를 부르면 누구나 넋을 잃을 정도로
아름다운 소리를 냈어요. 이들은 지중해의 한 섬에서 지내면서
지나가는 뱃사람들을 노래로 꾀어 바다로 끌어들여 잡아먹었어요.
세이렌은 나중에 뱃사람을 유혹해 죽음에 이르게 하는
인어의 전설로 바뀌었어요. 세이렌에서 위험을 알리는
소리를 뜻하는 영어 '사이렌'이 유래했어요.

오디세우스의 배를 공격하는 세이렌이에요.
세이렌은 노래로 사람들을 유혹하기 때문에
오디세우스는 선원들의 귀를 밀랍으로 막게 했어요.
그리고 자신은 돛대에 몸을 꽁꽁 묶어
노랫소리에 흔들리지 않았지요.
〈오디세우스와 세이렌〉 작가 미상

폴리페모스와 탈로스

폴리페모스는 거대한 외눈박이 거인으로,
바다의 신 포세이돈과 님프 토오사가 낳은 아들이지요.
거대한 외눈박이 거인들을 키클롭스라고 불렀는데,
폴리페모스는 키클롭스 중에서도 가장 성격이 나쁘고
무시무시했어요.
집으로 돌아가던 오디세우스는 폴리페모스에게 잡히자
포도주로 폴리페모스를 꾀어 취하게 만든 뒤 눈을 멀게 했어요.
이 일로 오디세우스는 포세이돈의 분노를 사게 되어
긴 세월 동안 집에 돌아가지 못했답니다.
폴리페모스는 갈라테이아라는 바다의 님프를 사랑하였지만,
갈라테이아는 판의 아들인 양치기 아키스를 사랑했어요.
이에 화가 난 폴리페모스가 큰 바위를 던져
아키스를 죽였다는 이야기도 전해 오지요.

외눈박이 거인, 폴리페모스예요.
폴리페모스는 야만적이고 무시무시한 성격으로
알려졌지만, 사랑에 빠지기도 했어요. 하지만
폴리페모스는 갈라테이아의 사랑을 얻지 못했어요.
〈키클롭스〉 오딜롱 르동

탈로스는 청동으로 된 로봇이에요. 대장장이 신 헤파이스토스가 미노스 왕에게 만들어 준 선물이라고도 하고, 미노타우로스를 가둔 미로를 만든 다이달로스가 만들었다고도 해요.
탈로스는 크레타 섬을 지킬 목적으로 만든 괴물이에요.
날마다 무기를 갖추고 크레타 섬을 돌며 아무도 섬을
떠나거나 들어오지 못하게 막았지요. 탈로스는 누군가
섬에 들어오려고 하면 큰 돌을 던져 죽이거나 자기 몸을
뜨겁게 달군 뒤 안아서 죽였다고 해요.
탈로스는 영원히 죽지 않는 불사신이었지만,
딱 하나 약점이 있었어요.
바로 온몸의 핏줄을 연결하는 나사였어요.
마녀 메데이아는 이 나사를 뽑아 탈로스를
죽게 했다고 해요.

페가수스

페가수스는 영웅 페르세우스가 메두사의
목을 벨 때 나온 피에서 태어난 날개 달린 말이에요.
여신 아테나는 이 말을 예술의 여신들인 무사이에게 선물로 주었어요.
그 밖에도 영웅 벨레로폰은 괴물 키마이라를 물리칠 때
바로 이 페가수스의 힘을 빌렸어요. 벨레로폰은 페가수스를 타고
하늘을 날다가 신들의 세계에까지 가려는 욕심을 부렸고,
이 때문에 페가수스에서 떨어져 목숨을 잃게 돼요.
이후 페가수스는 제우스의 심부름꾼으로 벼락을 나르는 일을 했지요.
페가수스는 나중에 별자리가 되어 하늘을 지켰다고 전해와요.
선하고 신비로운 분위기 덕분에 페가수스를 소재로 한 많은 예술 작품이 남아 있답니다.

날개 달린 말, 페가수스예요.
헬리콘 산이 점점 불어나서 하늘에 닿으려고 하자,
포세이돈이 페가수스에게 산에 발길질을 해서 평소의
크기로 돌아가게 했어요. 산은 평소의 크기로 돌아갔는데,
페가수스가 발길질했던 자리에 '히포크레네'
즉 말의 샘이 생겨났다고 해요.
〈페가수스를 제지하는 명성〉 외젠 르캔느

QUIZ 퀴즈 퀴즈!

1. 사람의 얼굴에 몸통이 염소를 닮았어요.
   술의 신 디오니소스의 종이기도 한 이 괴물은 무엇일까요?

2. 미노스의 왕비와 황소 사이에서 태어난 괴물이에요.
   평생 미로에 갇혀 살았지요. 이 괴물은 무엇일까요?

3. 아름다운 노래와 악기로 지나가는 뱃사람을 유혹하는 괴물이에요.
   오디세우스 역시 이 괴물의 꾐에 빠질 뻔했지요. 이 괴물은 무엇일까요?

4. 성격이 난폭한 외눈박이 거인으로 바다의 신 포세이돈의 아들이에요.
   이 괴물은 무엇일까요?

5. 메두사의 피에서 태어난 괴물이에요. 하늘을 날아다닐 수 있으며
   나중에 별자리가 되었답니다. 무엇일까요?

정답 1 사티로스 2 미노타우로스
      3 세이렌   4 폴리페모스
      5 페가수스

3 신의 분노로 변신한 괴물

태어날 때는 멀쩡한 사람이었다가 신의 저주로 괴물이 된 카리브디스와 스킬라.
커다란 잘못을 저지르긴 했지만, 평생 괴물로 사는 것은 너무나 엄청난 형벌이었지요.

 카리브디스

카리브디스는 바다의 신 포세이돈과 대지의 여신 가이아의 딸로 태어났어요.
원래 인간이었는데, 먹는 것을 너무 좋아해서 신에게 버림을 받았지요.
헤라클레스가 끌고 가던 소 떼를 몰래 훔쳐 먹다 제우스의 분노를 산 카리브디스는
괴물이 되어 바다로 떨어졌어요. 카리브디스는 괴물이 되어서도 옛날의 *식탐을
버리지 못하고, 하루에 세 번씩 엄청난 양의 바닷물을 들이켰어요.
카리브디스가 바닷물을 마실 때마다 주변의 바다에 엄청난 소용돌이가 일어나
배가 다 부서졌어요. 영웅 오디세우스 역시 카리브디스의 소용돌이에 휘말렸으나,
돛대에 의지해서 카리브디스가 사는 동굴 앞 무화과나무에 매달렸답니다.
카리브디스는 지금의 메시나 해협 근처에 살았다고 전해 오는데,
이 근처는 바닷물이 험하기로 유명해요.
그래서 험한 바닷물을 괴물에 견주어 이야기를 지어낸 것이라고 여기지요.

*식탐 : 음식을 탐냄.

오디세우스가 만난, 카리브디스가 일으킨 풍랑이에요.
카리브디스는 괴물이 되어서도 먹을 것에 대한
욕심을 버리지 못하고 수많은 배들을 집어삼켰어요.
뱃사람들에게는 카리브디스가 그 어떤 괴물보다
무시무시한 존재였어요. 배를 타고 집으로 돌아가야 하는
오디세우스 역시 마찬가지였지요.
〈스킬라와 카리브디스 앞에 오디세우스〉
요한 하인리히 퓌슬리

스킬라

스킬라는 카리브디스가 사는 바다의 반대편에 살고 있는 여자 괴물이에요.
얼굴은 여자지만 키가 엄청나게 컸으며 머리가 여섯 개에 목이 뱀처럼 길었어요.
허리에 무척 사나운 개의 머리가 여섯 개나 달려 있어서
가까이 오는 것이면 무엇이든 닥치는 대로 잡아먹었지요.
오디세우스도 이 스킬라에게 걸려 동료를 여럿 잃고 말았어요.
스킬라는 원래는 괴물이 아니었어요. 마녀 키르케가 자신이 사랑하는 남자가
스킬라를 좋아하는 것을 알고, 스킬라가 목욕하는 샘물에 약을 풀었어요.
아무것도 모른 채 샘물에 들어간 스킬라는 그만 괴물로 변했지요.
포세이돈이 스킬라를 좋아한 것을 안 포세이돈의 부인 암피트리테가
키르케에게 부탁하여 스킬라를 괴물로 바꾸었다고도 해요.
스킬라는 헤라클레스의 손에 죽음을 맞았지요.

스킬라예요. 약을 푼 샘물에 몸을 반 정도만
담갔기 때문에 몸의 윗부분은 멀쩡한 여인의 모습이고
아랫부분만 괴물이라는 이야기도 있어요.
〈바다 괴물 스킬라〉 작가 미상

그리스 로마 신화 올림포스 가디언 67
신화, 괴물을 만들다

글 김영 그림 이갑규

펴낸이 양원석
펴낸곳 (주)알에이치코리아
등록 2004년 1월 15일 제2-3726호
주소 서울특별시 금천구 가산디지털2로 53, 20층 (한라시그마밸리)
문의전화 02)6443-8800

ISBN 978-89-255-4352-9(74800)
ISBN 978-89-255-4354-3(세트)

값 12,800원

명화 구입처 유로크레온㈜

※잘못된 책은 구입하신 곳에서 바꾸어 드립니다.
※책 모서리가 날카로워 다칠 수 있으니 사람을 향해 던지거나 떨어뜨리지 마십시오.

알에이치코리아 홈페이지와 카페, SNS로 들어오시면 자사 도서에 대한 더 많은 정보와 다양한 이벤트 혜택을 확인할 수 있으며, E-book몰에서는 전자북으로도 만나볼 수 있습니다.
주니어RHK 홈페이지 http://jrrhk.com | E-book몰(RHK북스) http://ebook.rhk.co.kr | 북카페 http://cafe.naver.com/randomhousekorea
페이스북 https://www.facebook.com/rhk.co.kr | 트위터 @randomhouse_kr | 유튜브 http://www.youtube.com/randomhousekorea